Pendo

Cornelius Tracewill

Die Löffel-Liste

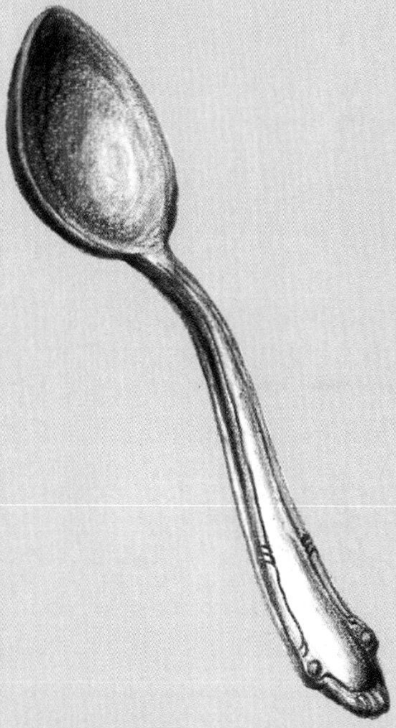

Eine kleine *Philosophie* der letzten Dinge im Leben eines Mannes

Pendo

1. Auflage 2008

Umschlaggestaltung: Hauptmann & Kompanie
Werbeagentur, München – Zürich
Gesetzt aus der Sabon
Layout und Satz: Irma Schick Design, www.irmaschick.com
Druck und Bindung: DZA Druckerei zu Altenburg GmbH
Printed in Germany
ISBN 978-3-86612-193-5

INHALT

VORWORT

Im Film »Local Hero« will der texanische Öltycoon Happer in einer still gelegenen Bucht an der schottischen Küste eine Raffinerie errichten. Am Ende kommt es so, dass er das Vorhaben abbricht, nachdem er eine lange Nacht mit dem Einsiedler Ben in dessen Strandhütte verbracht hat und die beiden nicht nur reden und trinken, sondern vor allem den Himmel beobachten. Von Bill Forsyth, dem Regisseur des Films, zu Immanuel Kant: »Der bestirnte Himmel über mir« ist eines der zwei Dinge, von denen Kant sagte, sie erfüllten das Gemüt bei längerem Nachdenken »mit immer neuer und zunehmender Bewunderung und Ehrfurcht«. Es sieht so aus, als müssten die

meisten Menschen erst ein fortgeschrittenes Lebensalter erreicht haben, um zu dieser Einstellung zu finden.
Was ist wichtig im Leben? Irgendwann stellt sich die Frage danach, wie das Leben bisher verlaufen ist und ob es so weitergehen soll. Sie stellt sich vielleicht lange Zeit nicht, aber mit Gewissheit taucht sie auf mit dem Ausblick aufs bevorstehende Alter, oft erst spät. Dann wird mehr und mehr überprüft und neu bewertet, worauf es ankommt. Das Leben ist »immer lebensgefährlich«, wie Erich Kästner sagte, aber erst wenn eine bestimmte Schwelle überschritten wurde, rückt ins Bewusstsein, wie begrenzt und endlich es ist. Die Erkennt-

nis, dass man in nicht absehbarer, aber doch überschaubarer Zeit, »den Löffel« abgibt, wie es in der Redewendung salopp heißt, zeitigt eine veränderte Einstellung. Was gehört zu einem authentischen Leben fernab von Ruhm, Erfolg und Karriere, Macht und Besitz?
Es läuft alles darauf hinaus sich zu fragen, was nun Entscheidendes erledigt und erlebt werden soll, was aufgegeben werden kann ohne Verluste und was weitergemacht wird unter veränderten Vorzeichen. Der Cellist Pablo Casals hat noch, als er bereits 90 Jahre alt war, täglich sein Instrument gespielt, und seine Begründung war, er habe den Eindruck, er mache Fortschritte.

Innezuhalten heißt nicht Stillstand. Es heißt, Zeit zu haben und sich zu besinnen auf die Dinge, die liegen geblieben sind, für die sich keine Gelegenheit fand, die umgangen und vermieden wurden. Diese Dinge sind ja nicht nur einfach Unternehmungen. Mit ihnen geht viel

mehr einher, und das hat damit zu tun damit, im Leben anzukommen und am Leben, also in Bewegung zu bleiben, damit, das Staunen wieder zu lernen, genau hinzusehen und mit allen Sinnen dabeizusein, sich auf das Wesentliche zu konzentrieren, noch etwas zu wagen, auf sich zu achten. Oder letztendlich: ganz bei sich zu sein und sich zu wandeln. Eine Grabinschrift im Parco Giardina Sigurtà bei Verona besagt: »Man wird nicht alt wegen der einfachen Tatsache, dass man eine bestimmte Zahl von Jahren gelebt hat, sondern nur, wenn man sein eigenes Ideal aufgibt.« Es gilt, das eigene Ideal zu bewahren oder auch wiederzufinden. Das führt zu dem, was Kant als zweites Ding nannte: »das moralische Gesetz in mir«.
In dreizehn kurzen Kapiteln werden die Themen philosophisch betrachtet, die so persönlich wie allgemeingültig zu einem Leben gehören, das sich als erfüllt ansehen lässt.

Die Löffelliste wird zu einem Führer für die Reise durch den letzten Lebensabschnitt. Begleitet von Illustrationen, die das Thema nicht einfach nur aufgreifen, sondern weiterführen und sich ihm mit leisester Ironie annähern. Indem sie sich mit dem Nachdenken und Vertiefen in das Thema auf überraschende Weise auch immer wieder neu erschließen, tun sich in ihnen beim wiederholten Betrachten so ungewöhnliche wie einleuchtende Aspekte auf.

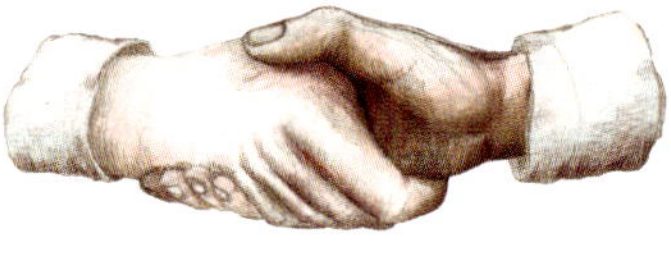

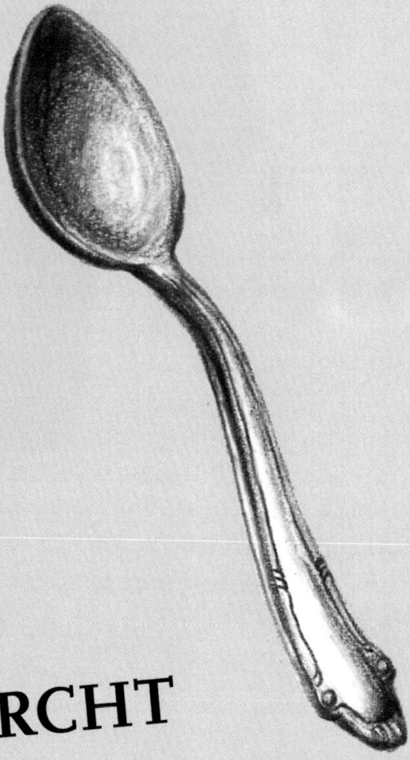

1 EHRFURCHT

»ICH MÖCHTE NICHT
IN EINER WELT
OHNE KATHEDRALEN LEBEN.«

PASCAL MERCIER

ERSCHAUERN ZU
KÖNNEN IST
EIN ZEICHEN VON
HÖCHSTER LEBENDIG-
KEIT. ES ZEIGT DIE
OFFENHEIT FÜR
GROSSES UND GEHEIM-
NISVOLLES – FÜR DAS
LETZTENDLICHE.

Es beginnt schon beim Betreten: Eben noch brauste draußen der Verkehr, kaum fällt die – immer schwere – Tür hinter uns ins Schloss, umfangen uns Stille und Dämmerlicht. Und alles wird anders. Unweigerlich wird der Blick nach oben gezogen, wie eine Kamerafahrt geht er hinauf an den Säulen, mit Schwenks zu den Kapitellen, und höher bis zum Gewölbe, bis zur Deckenbemalung, bis zur Kuppel über der Vierung, zu den farbigen Glasfenstern, zur Kanzel, zu den Seitenschiffen. Und unweigerlich sind wir ergriffen, vielmehr: Wir werden ergriffen. Wir erschauern. Auch körperlich macht sich das bemerkbar: Was jagt uns da über den Rücken? Was lässt uns den Atem anhalten? Und wird die Gänsehaut auf unseren Armen nur durch die Kühle im Kirchenraum verursacht? »Und in Poseidons Fichtenhain tritt er mit frommem Schauder ein«, heißt es in Friedrich von Schillers Ballade »Die Kraniche des Ibykus«.

Hier und jetzt.

Ein frommer Schauder. Auch wenn wir nicht religiös sind, uns schon gar nicht als fromm bezeichnen würden, ist es nicht einfach nur ein Schauder. Wie ernüchternd wäre es, würden wir uns damit begnügen, dass uns der Statiker genau erklärt, wie das alles errichtet wurde und was das alles zusammenhält, auch wenn das schon durchaus großartig genug wäre. Aber was wir da sehen, ist ja nicht irreduzibel von seinem Ursprung, und der liegt im Sakralen. Genau das ist es, was als Ahnung von dem Geist bestehen bleibt, der hier wirkte

ES IST.

und nun nachwirkt. Und das macht aus Saint Paul's Cathedral in London oder aus Notre-Dame de Paris oder aus Santa Maria del Fiore, dem Dom von Florenz, mehr als nur ein grandioses und wunderbares Bauwerk von kunsthistorischem Wert. Da stehen wir, wir sind überwältigt und empfinden Ehrfurcht. Auch wenn das Wort es besagt, fürchten wir uns nicht, vielmehr staunen wir – aber wie anders als vor technischen Errungenschaften!

GROSSES ZU ERFAHREN,

ERDRÜCKT NICHT,

Unser Staunen geht einher mit der innerlichen Verbeugung vor einer Leistung, die, wenngleich Menschenwerk, etwas Höheres umfasst, ein Darüberhinausweisendes. Ehrfürchtig erkennen wir: Es ist die große, die übergeordnete Idee, die allen

SONDERN RICHTET AUF.

Kirchengebäuden innewohnt. Sie verleiht ihnen ihre Einzigartigkeit und gibt ihnen einen ganz anderen Wert, nicht zu belegen mit Messbarem. Noch einmal: Es ergreift uns! Allein sprachlich zeigt sich daran, und wir müssen es uns eingestehen, dass wir das Heft aus der

Hand geben und dass ohne unser Zutun etwas mit uns geschieht. Nicht wir sind es, die etwas ergreifen, sondern wir sind es, die ergriffen werden – und wir können uns nicht dagegen wehren. Wir wollen es auch gar nicht, wir wollen ja gerade das erfahren: Wieder klein werden angesichts dieser Größe, und einfach etwas mit uns geschehen lassen. Wir werden damit Teilhaber dieses Großen, ohne daran beteiligt gewesen zu sein. Das Erschauern aber sagt auch: Also haben wir doch noch nicht alles erlebt und alles gesehen und haken es einfach ab. Also sind wir lebendig geblieben. Und das zu erfahren und nicht zu verlieren, ist wie ein Geschenk.

ICH MÖCHTE NICHT IN EINER
WELT OHNE KATHEDRALEN LEBEN
PASCAL MERCIER (*1944),
»NACHTZUG NACH LISSABON«

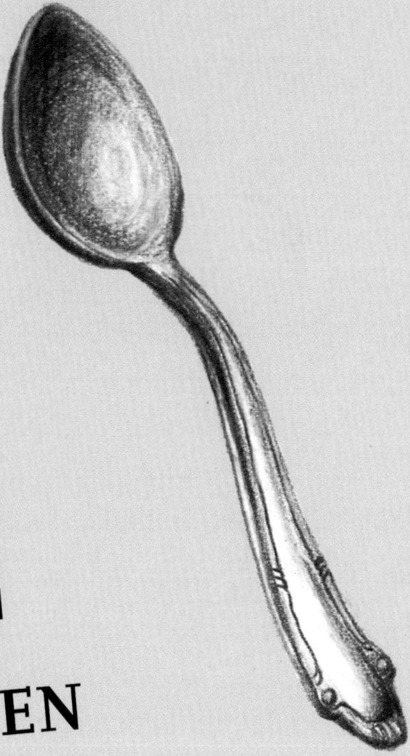

2
REISEN

»DIE REISE UND NICHT DAS ZIEL
IST VON BEDEUTUNG.«

T. S. ELIOT

DIE GRÖSSTE FREIHEIT
IM LEBEN BESTEHT
DARIN, SICH DIE ZEIT
ZU NEHMEN UND
NICHT ZU FRAGEN,
OB SIE GEKOMMEN IST.

Das wollte ich schon immer mal machen, das ist so ein Satz, der noch fallen kann, wenn das Mögliche nicht mehr lebbar geworden ist. Bis an sein Lebensende einen unerfüllten Traum mit sich herumzuschleppen, das hat schon etwas Tragisches, das aber leider auch leicht ins Lächerliche umschlagen kann. Wann, wenn nicht jetzt? ist die Frage, in der die Antwort schon steckt: In der Gegenwart, ja sofort einen Anfang machen! Denn »das Wirkliche als Vorhandenes ist von einem außerordentlich viel größeren Meer des Möglichen umgeben«, hat Ernst Bloch gesagt, und also kommt es darauf an, dieses Mögliche zum Wirklichen werden zu lassen. Kairos, der griechische Gott der günstigen Gelegenheit, hat nur eine Locke, sie gilt es zu ergreifen, denn er geht vorüber, und an seinem Hinterkopf wachsen keine Haare. Die Chance ist vertan. Dann kommt der Schmerz über die abgelebte Wirklichkeit, über die vielen Gelegenheiten, die wir nicht beim Schopfe ergriffen haben.

Reisende sein –

Und dieser Schmerz muss in die eigene ehrliche Befragung führen: Was hat mich bisher gehindert? Warum zögere ich immer wieder? Wie weit kamen mir die Hindernisse gelegen, etwa weil da auch immer noch etwas war wie die Angst vor der eigenen Courage? Sich selber sozusagen auf die Schliche zu kommen und sich dann zu lösen von allem, was bisher zur Zurückhaltung geführt hat: Gehört das nicht auch dazu, ja ist das nicht die Voraussetzung dafür, frei zu sein? Denn die Freiheit wird niemandem gegeben. Die Freiheit wie die Zeit nehmen wir uns

WEIL DAS VERLANGEN NIE ERKALTET

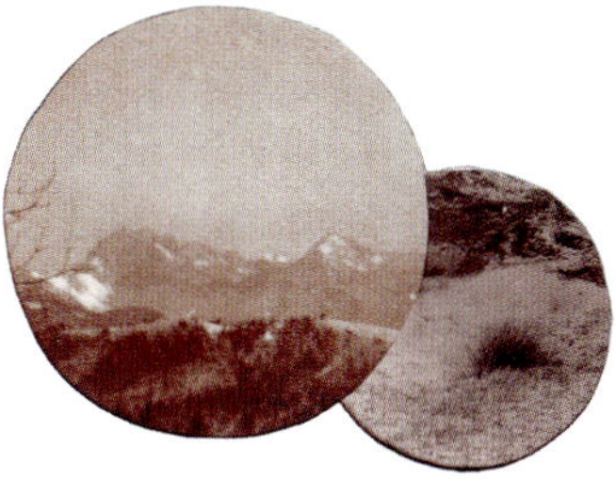

selbst. Und nur Bedenkenträger werden immer Einwände haben. Wir könnten einfach drauflosfahren oder -gehen. Mit einigen wenigen Vorbereitungen, versteht sich, die notwendig sind, wenn wir mit einer Harley Davidson durch die Weiten Nordamerikas touren, in Patagonien Trekking machen wollen oder in Grönland eine Schlittenhundefahrt. Aber nicht zu viel! Die komplette Absicherung gilt es gerade zu vermeiden. Warum? Weil sie nicht zu haben ist und sich dann schon wieder die ersten Einwände einschleichen könnten.

Gegen die Beschleunigung

Muss das Ziel realistisch sein? Bis zu einem gewissen Grad wäre das schon gut. Aber es ist schließlich auch ein Traum, Unwägbarkeiten gibt es immer. Und bloß nicht vorab danach fragen, ob das Erreichen eines Ziels, das damit aufhört, Traum zu sein, nicht geradewegs in die Enttäuschung führt und ob die schnöde Verwirklichung

DER ZEIT

dem hehren Gefühl des Wünschens noch standhält. Auch wenn es ein großer Traum ist, er lässt sich erfüllen, wenn wir nur wollen und eben diesen Mut aufbringen, uns die Freiheit zu nehmen. Dann finden wir Mittel und Wege – was immer uns auch fehlt oder bisweilen auch nur scheinbar fehlt, sei es Zeit, sei es Geld, sei es Gesundheit.

Nun ja, vielleicht muss der eine oder andere Traum etwas modifiziert werden? Vielleicht geht es dann nicht mehr auf den Mount Everest, wo uns ohnehin zu viel Müll herumliegt, vielleicht geht es dann lieber in die saubere Schweiz, und wir besteigen den Säntis. Nur als Ersatz dürfen diese abgemilderten Versionen nicht angesehen werden, es sind nichts anderes als angepasste Alternativen …
Und dann, mitten in der Gegenwart angekommen, gerät vollendet ins Bewusstsein: Ich habe die Stunde genutzt. Denn für das wunderbare Gefühl von Freiheit, das wird hier klar, öffnet sich ein Fenster nur für einen kurzen Zeitraum.

DIE REISE UND NICHT DAS ZIEL
IST VON BEDEUTUNG.
T. S. ELIOT (1888 – 1965)

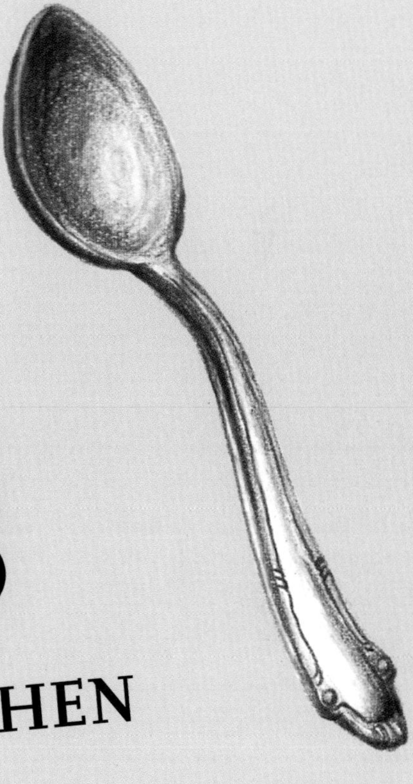

3

ANSEHEN

»FILMEMACHER SOLLTEN BEDENKEN, DASS MAN IHNEN AM TAG DES JÜNGSTEN GERICHTS ALL IHRE FILME WIEDER VORSPIELEN WIRD.«

CHARLIE CHAPLIN

ES WEIT GEBRACHT
ZU HABEN, IST NICHT
AM WICHTIGSTEN:
WAS AM ENDE WIRKLICH
ZÄHLT, IST NICHT
DIE WEITE, SONDERN
DIE TIEFE.

Intensiv zu leben, heißt nicht, besonders viel in sein Leben zu packen. Das wird sehr schnell klar, bereits bei einem kurzen Rückblick. Dabei stellt sich die Frage: Was ist denn geblieben von diesem Vielen? Es werden die wenigen starken und eindrucksvollen Momente sein, die mit uns, so wie wir uns sehen und wie wir wirklich sind, in Übereinstimmung gewesen sind. Sie vor allem sind uns auffällig und nachhaltig im Gedächtnis haften geblieben. Aber wie viel anderes haben wir unternommen, ohne dass wir auch nur ansatzweise meinten, es ginge uns wahrhaftig und zutiefst etwas an! Wir sind schließlich diszipliniert, und wir haben es eben getan, es war notwendig und berechtigt, und so wie es war, war es wichtig und wirksam zu seiner Zeit und mehr als das. Wenn wir jetzt noch einmal eine bedingungslose und sachliche Rückschau halten, so soll damit nichts im Nachhinein infrage gestellt werden, die Sache ist gelaufen, nichts ist wieder rückgängig zu machen, nichts ist noch zu ändern.

Hinhören und

Und trotzdem geht es auch um die Erkenntnis, worauf wir hätten verzichten können, was abgelenkt hat, womit wir uns verzettelt haben, so wie auch um das Eingeständnis dessen, was nur dem äußeren, oft genug kurzlebigen Ansehen diente oder womit wir die eigene Eitelkeit gefüttert haben. Das ist die eine Seite. Auf der anderen Seite steht die berechtigte Anerkennung von Leistung, die herausragend war oder von Bedeutung gewesen ist. Wenn wir diese beiden Seiten betrachten, könnten wir doch eigentlich die Bilanz ziehen

DEM EIGENEN RUF FOLGEN

und bedenken, wie es weitergehen soll. Aber da fehlt noch etwas, das war und ist ja nicht alles. Es gibt noch die dritte Seite, und die betrifft in alledem uns: Wo stehen wir in diesem Zusammenhang? Was war nicht einfach nur wichtig, sondern uns wichtig? Was war für uns von Bedeutung? Ludwig Wittgenstein hat gesagt: »Was du geleistet hast, kann andern nicht mehr bedeuten als dir selbst.« Unter diesem Aspekt steht die dritte Seite über allem.

Die Frage ist:

Und wie soll es nun weitergehen? So wie bisher? Nein, wir brauchen ein neues Lebenskonzept. Jetzt ist die Konzentration auf das Wesentliche angesagt. Die Ansprüche werden also nicht heruntergeschraubt, sondern sie steigen. Was wir ab jetzt machen,

WO STEHE ICH?

soll standhalten und Bestand haben, und zwar so, dass wir mit Zustimmung auf die Ergebnisse wie auch auf uns selbst sehen können. Keine Sachzwänge mehr anerkennen, nicht mehr alles abnicken. Lieber weniger machen, mit einem kleineren Wirkungsradius, das aber intensiv im genannten Sinne – mit innerer Anteilnahme und Überzeugung, mit voller Beteiligung und einem schönen Maß an Gelassenheit. Stellen wir doch eher unsere Soft Skills heraus. Sie nämlich sind es, die unser Ansehen ausmachen. Einfach nur zu wissen, wie es geht, wie »man es macht«, reicht jetzt nicht mehr. Gelingt es, die Lebensführung danach auszurichten, worauf es wirklich ankommt, und die Lebenszeit entsprechend zu nutzen, können wir durchaus von einem gelungenen Leben sprechen oder schlichter, von einem guten Leben. Das wäre nicht das Schlechteste, wie am Ende von Joseph von Eichendorffs Novelle »Aus dem Leben eines Taugenichts« sagen zu können: »Und alles, alles war gut.«

FILMEMACHER SOLLTEN BEDENKEN, DASS MAN IHNEN AM TAG DES JÜNGSTEN GERICHTS ALL IHRE FILME WIEDER VORSPIELEN WIRD.
CHARLIE CHAPLIN (1889 – 1977)

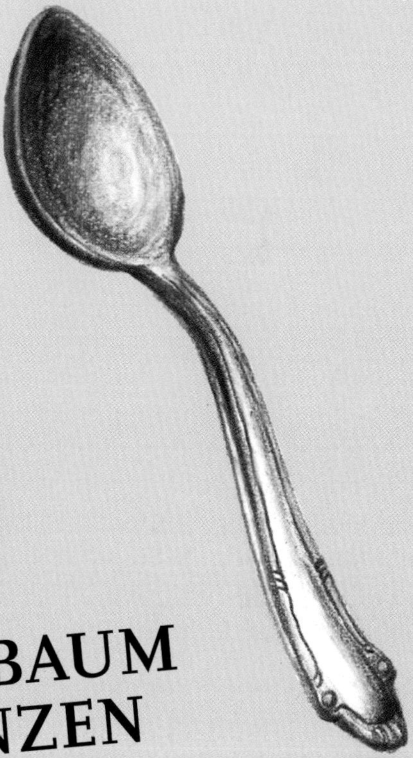

4

EINEN BAUM PFLANZEN

**»UND WENN MORGEN
DIE WELT UNTERGINGE,
SO WÜRDE ICH
HEUTE NOCH EIN
APFELBÄUMCHEN PFLANZEN.«**

MARTIN LUTHER

EIN ERBE ZU
HINTERLASSEN HEISST,
VON SICH SELBST
ETWAS ZU GEBEN
UND DOCH VON SICH
SELBST ABZUSEHEN.

Es ist der Klassiker fürs Leben: »Einen Baum pflanzen« – einer der Punkte auf der ewigen To-do-Liste des Mannes, auf der noch »einen Sohn zeugen« und »ein Haus bauen« stehen, in anspruchsvolleren Versionen kommt als Viertes hinzu »ein Buch schreiben«. Einen Baum zu pflanzen, das war einmal und ist in gewisser Weise immer noch ein Symbol und mehr, es ist etwas ganz Konkretes, denn mit dem Baum, einmal in die Erde gesetzt, wird sofort etwas sichtbar: Ein Baum wächst, er kann viele Jahrhunderte alt werden. Wir kennen diese Bäume, etwa die oft fotografierte Bavaria-Buche im Altmühltal, die vielleicht schon 800 Jahre alt ist, oder den berühmten Methuselah, eine Kiefer in Kalifornien, geschätztes Alter: mehr als 4700 Jahre. Ein Baum zeigt Kraft und Stärke, Vitalität und Dauer, er dehnt sich in die Höhe, Breite, Tiefe, er trägt von Jahr zu Jahr Früchte, und aus ihnen entstehen wieder neue Bäume. Wir sehen sein Fortbestehen vor uns.

DIE FORM FINDEN,

Eine schöne Vorstellung ist das. Was in ihr zum Ausdruck kommt, ist der Wunsch danach, etwas zu hinterlassen, das selbst initiiert wurde und von nun an ohne unser größeres Zutun gedeiht. Der Baum, ein Teil der Schöpfung, ein Teil der Natur, wird überleben und Wind und Wetter trotzen, und indem wir ihn pflanzen, übergeben wir ihn einem größeren Kreislauf. Und heute, da auf der ganzen Erde mehr abgeholzt wird als aufgeforstet, können wir daran noch einen weiteren Zusammenhang knüpfen. Einen Baum zu pflanzen bedeutet nicht die Rettung

UM ZEICHEN ZU SETZEN

des Waldes, aber es ist ein kleiner Beitrag. Mit dem Pflanzen eines Baumes ist Hoffnung verbunden. Ein Baum ist es auch, der als Vorlage für Ahnentafel oder Stammbaum dient, mit allen Ästen zurückweisend auf Generationen zuvor und schon angelegt darauf, neu zu sprossen: Verwurzelung und Verzweigung durch die Zeiten, ein Sichtbarwerden der eigenen Eingebundenheit. So ist auch der von uns gepflanzte Baum wie ein Erbe zu sehen, das wir, solange wir leben, bewahren und an dem wir uns erfreuen.

Zurücktreten und Spuren

Es ist vergleichbar mit unserer Freude daran, dass die Enkelin mit ihren sechs Jahren bereits unseren Ansatz für Humor zeigt oder dass die braunen Locken des kleinen Enkels bei jedem Kopfschütteln genau wie bei uns durcheinanderwirbeln,

HINTERLASSEN

auch wenn unsere Haare heute vielleicht nicht mehr braun sind ... Wir kaufen uns nicht frei beim Projekt Baumpflanzen, es wäre ein Leichtes, einfach eine Spende zu überweisen. Aber wir legen selbst Hand an, nur dann gilt es, nur das ist der eigene Beitrag von Beginn an. Und wenn es nun um die praktische Seite geht: Auch wenn wir selbst keinen Grund und Boden haben, gibt es Möglichkeiten. Naturschutzorganisationen wie auch Unternehmen haben entsprechende Aktionen und Projekte auf dem Programm. Um diesen Punkt des männlichen Masterplans abzuhaken bietet sich in der Terminierung der 25. April an, der Internationale Tag des Baumes. Übrigens: Auch Bonsais werden alt, so alt wie ihre großgewachsenen Verwandten. Einen Bonsai heranzuziehen, bedeutet präziseste Kenntnis und Konzentration und das eigene Zurücktreten. Das ist, so klein die Bäume sind, eine hohe Kunst und eine ganz besondere Form der Abstraktion.

UND WENN MORGEN DIE WELT UNTERGINGE, SO WÜRDE ICH HEUTE NOCH EIN APFELBÄUMCHEN PFLANZEN.

MARTIN LUTHER (1483 – 1546)

5

MIT ALLEN SINNEN

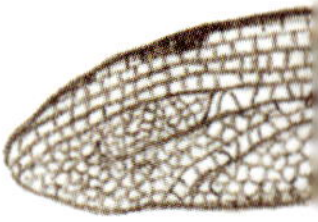

»NIEMAND IST MEHR
EMPFÄNGLICH FÜR DIE
VERÄNDERUNGEN DES LICHTS,
DAS SCHEINT ALTMODISCH
ZU SEIN.«

ANTONIO TABUCCHI

ES IST DIE GENAUE
WAHRNEHMUNG,
DIE VON
DER VERENGUNG
DES LEBENS
ZUR ERWEITERUNG
FÜHRT.

Sie lassen eher nach, die Sinne. Einerseits. Andererseits braucht es ein ganzes Leben, sie zu schulen, und so können sie durch die Jahre, durch Erfahrung, Erlebnisse und Kenntnisse – den Kenntnisreichtum – nur besser werden. Aus ihnen jetzt das Potenzial herauszuholen, ist eine schöne Herausforderung. Bei allem, was im Laufe eines einzigen Tages und in der Summe vieler Jahre erforderlich war, auch noch auf der Höhe zu sein, was die Sinneswahrnehmungen betrifft, war schier unmöglich. Wir registrierten vieles im Großen und Ganzen. Aber Details und Kleinigkeiten? Auf sie gingen wir nicht ein, und somit ging uns die Genauigkeit verloren. Sie gilt es wiederzufinden, wo immer wir auch sind, und dann innezuhalten, um zu sehen, was geschieht. Es geht ja nicht darum, Großes und Großartiges wahrzunehmen, sondern überhaupt wahrzunehmen, alle Sinne auf Empfang gestellt.

IM KLEINEN VERBIRGT SICH

Und wenn wir nicht gerade einer Sinnestäuschung unterliegen, wogegen niemand gefeit ist, wenn uns nicht die Sinne schwinden, gilt noch immer: Wir beherrschen unsere Sinne. Wir sind unserer Sinne mächtig. Das zeigt sich in der Fähigkeit, Nuancen und Schattierungen zu erkennen, die »Veränderungen des Lichts«. Was kann daran obsolet sein? Es ist aber durchaus eine Rückkehr: in die Unmittelbarkeit. Wir sind uns nahe, wenn wir nur das festhalten, was wir gerade empfinden, in diesem Augenblick.

DAS GRÖSSTE

Wir vergleichen nicht mit anderen, früheren Empfindungen. Wir bleiben bei uns und im Moment, mit allem, was wir jetzt gerade sind und was jetzt gerade ist, und mit all den Veränderungen, die diesen Zuständen innewohnen. Abstufung der Farben und Helligkeit, Ausdehnung des Raums, Wechsel der Wärme oder Wandel der Geräusche – all das registrieren wir und mehr: ihre Wirkung auf uns und unsere Stimmung.

WO DER HINTERGRUND

Wir können dabei nüchtern und klar bleiben, was keineswegs heißt, dass wir gleichgültig sind. Denn das könnte in der Abstumpfung enden. Wir wollen für die eigenen und für die uns umgebenden Veränderungen »empfänglich« sein. Auf das »rührend Überwältigende«, das im Sonnenaufgang liege, »gerade in der Unscheinbarkeit des mächtigs-

DURCHSCHIMMERT

ten Lichts«, hat Theodor W. Adorno verwiesen. Sinneswahrnehmung ist kein undeutliches Hinnehmen, sie ist ein differenziertes Erfassen, und zu ihr gehört ununterschreitbar das Wissen; für alle Wahrnehmung gilt das mal Goethe, mal Fontane zugeschriebene Diktum »Man sieht nur, was man weiß« – und man hört und riecht und schmeckt und erfühlt es. Kommt nicht, wer sich in der Welt mental verortet und die Welt mit wachen Sinnen wahrnimmt, erst wirklich zu Bewusstsein – zum bewussten Sein? Wie weit das geht, zeigt sich im doppelten Wortsinn, der sich ergibt, wenn von einem sinnvollen Leben die Rede ist. Dabeisein mit den Sinnen ist etwas für alle, die gar nicht genug vom Leben in seinen kleinen Einzelheiten und Feinheiten bekommen können, und die kühn und neugierig sind. Mag es auch ein Gemeinplatz sein, dass diese Offenheit jung hält, gewiss ist: Sie bindet weiterhin ins Leben ein, und sie bleibt auch dann noch, wenn wir wirklich den ersten Verlust der Sinne bemerken, als eine leuchtende Erinnerung.

NIEMAND IST MEHR EMPFÄNGLICH FÜR DIE VERÄNDERUNGEN DES LICHTS, DAS SCHEINT ALTMODISCH ZU SEIN.

ANTONIO TABUCCHI (*1943),
»TRISTANO STIRBT«

6
GESUNDHEIT

»GESUNDHEIT UND
EINE HEITERE GELASSENHEIT
SIND DIE WAHREN GÜTER.
DER REST IST VON
GERINGER BEDEUTUNG,
AUSSER ER BEEIN-
TRÄCHTIGT DIE
GENANNTEN ZWEI.«

DAVID HUME

ES MACHT DAS LEBEN
WERTVOLLER,
WENN DAS BEMÜHEN
UM DIE PERFEKTE FORM
NACHLÄSST.

Es ist zunächst nicht einfach, aber es ist eine Erleichterung, sich zu verabschieden von Leistungsanforderungen und dem Streben nach Jugendlichkeit. Beschädigt der Verlust der Konturen wirklich die Substanz? Müssen wir weiterhin mithalten mit den Jüngeren? Ohne überheblich zu werden, können wir ihnen nun bei ihren Bemühungen zusehen, und ohne auf Rückzug zu gehen, halten wir uns zurück. Wir haben uns lange genug angestrengt und ins Zeug gelegt. Jetzt liegen unsere Stärken in anderen Bereichen, unsere Messskala wird anders angesetzt. Es geht nicht darum, verkniffenen Verzicht zu üben, aber doch, auf einiges einfach zu verzichten. Wir achten mehr auf uns und gefährden nicht unsere Gesundheit. Wir sehen sie als kostbar an. Darin schwingt auch mit, dass wir das Leben auskosten. Nur nicht, indem wir alles mitmachen, sondern vielmehr, indem wir die Essenz genießen. Das führt uns dahin, »leicht zu leben, ohne Leichtsinn«, wie Theodor Fontane sagte.

VEREINFACHUNG IST AUCH EINE

Fontane war es auch, der das seufzende, immer noch danebenklingende »Ach, das möcht' ich noch erleben« im gleichnamigen Gedicht als Refrain hinter all das stellte, was nicht mehr möglich ist. Was hingegen möglich ist, ist immer noch genug. Noch darin lässt sich die Fülle erfahren, vielleicht sogar besser als in dem vielen, zu dem wir doch nur oberflächlich kommen. Alles etwas zu reduzieren, bringt am Ende mehr, weil es auch alles wertvoller macht. Also käme es darauf an, weiterhin sportlich zu bleiben, aber nicht mehr

VERVOLLKOMMNUNG

keuchend zu laufen, hanteln, crossen, rudern. Oder Projekte zu haben, aber sich nicht mehr auf die vermeintliche Hauptsache zu stürzen. Das mag schwer fallen angesichts der Tatsache, dass juveniler Elan das Ideal ist und manches einfach nicht mehr geht. Aber erst damit können wir zur wahren Gelassenheit finden. Wir akzeptieren die Faktizität des Verfalls, nüchtern und ohne Larmoyanz. Das Alter hat längst begonnen, eine neue Gestalt zu schaffen.

FURCHTLOS SICH SELBST

Das heißt, wir sind aufmerksam gegenüber den Signalen unseres Körpers und unserer Stimmung, ohne gleich zur Hypochondrie zu neigen. Wir sind, auch was uns selbst betrifft, auf der Höhe der Zeit und stellen uns selbst immer wieder infrage. Nein, wir sind eben nicht perfekt. Wir waren es nie, hatten aber zumindest diesen Anspruch und haben ihm doch oft genug nicht genügt.

BEOBACHTEN

Den geben wir jetzt auf. Wir müssen niemanden mehr beeindrucken, schon gar nicht überholen. Was uns im Grunde nie lag und was wir doch getan haben und was uns dann unzufrieden gemacht hat – wir haben es nicht mehr nötig, etwas zu beweisen. Das nimmt den Druck, das befreit und eröffnet neue Perspektiven: Wenn wir beginnen, darauf zu sehen, was sich aus Unvollkommenheit noch alles machen und herausholen lässt, werden wir überrascht sein. Wir sehen ohne Neid darauf, was andere noch leisten, auch wenn sie doch nicht so viel jünger sind als wir. Es gibt Unterschiede, so ist es. Wir können viel tun für unsere Gesundheit, aber nicht alles liegt in unserer Macht. Da müssen wir uns an den römischen Satiriker Iuvenal (etwa 60–140 n. Chr.) halten, der meinte, die Götter täten schon das, was für uns ersprießlich sei. Uns bliebe nur, sie um »mens sana in corpore sano« zu bitten, also um einen gesunden Geist in einem gesunden Körper.

GESUNDHEIT UND EINE HEITERE GELASSENHEIT SIND DIE WAHREN GÜTER. DER REST IST VON GERINGER BEDEUTUNG, AUSSER ER BEEINTRÄCHTIGT DIE GENANNTEN ZWEI.

DAVID HUME (1711 – 1776),
»ESSAYS MORAL AND POLITICAL«

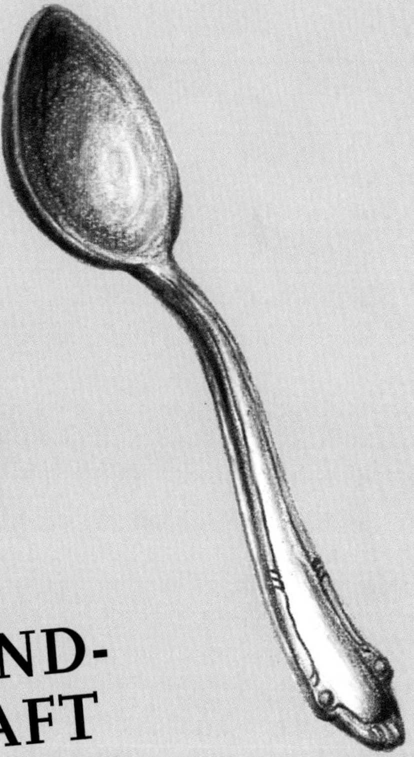

7

FREUND-
SCHAFT

»UNSERE ÄUSSEREN SCHICKSALE INTERESSIEREN DIE MENSCHEN, DIE INNEREN NUR DEN FREUND.«

HEINRICH VON KLEIST

RÜCKHALT FINDEN – DAS MERKMAL VON FREUNDSCHAFT – VERLEIHT STÄRKE, VON DER WIEDERUM ABGEGEBEN WERDEN KANN.

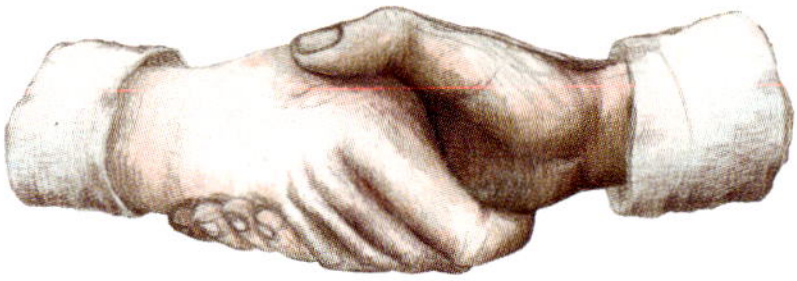

Wenn sich mit dem Alter die Ordnung und die Organisation der Dinge des Lebens ändern, werden davon unweigerlich Freundschaften berührt – so wie das ganze Wertesystem oder doch ein guter Teil davon in Bewegung gerät. Neue Weichen müssen gestellt werden, und auch die Freundschaften kommen auf den Prüfstand. Wie sehen sie aus? Geschäftlich tingierte Freundschaften, die nahezu immer Routinebegegnungen waren oder noch sind, der kurze Small Talk oder die regelmäßigen Treffen, wie sie die Berufsverbände erforderlich machten, das Dabeisein in großen oder kleinen Gesellschaften, vieles davon, wenn nicht das meiste, fällt nun weg. Lücken entstehen. Lücken bedeuten nicht nur Verlust. Sie sind zugleich Freiräume, die mit ihren ganz anderen Gegebenheiten Chancen und Gelegenheiten bergen. Neues kann nachrücken oder dem Alten, Bewährten kann mehr Zeit gewidmet werden.

Im anderen

Was verloren geht, war vorwiegend bestimmt durch zweckbezogene Zusammenhänge. Es lässt sich ausfüllen mit der selbstbestimmten Entscheidung für Begegnungen, die wirklich Bedeutung haben. Unser Reservoir an Zeit ist nicht unerschöpflich, ist es niemals gewesen, aber niemals ist uns das auch so deutlich gewesen. Mit wem möchten wir sie verbringen? Wie wollen wir unsere Freundschaften gestalten? Ohne dass sie gestaltet wird, ist Freundschaft nicht einlösbar. Wir meinen die Freundschaft, die –

SICH SELBST SEHEN

wie es Heinrich von Kleist sagt – an den inneren Schicksalen interessiert ist. Das ist eine Freundschaft, die auf Empathie beruht. Mit dieser Freundschaft gehen wir ein Wagnis ein, indem wir aufrichtig sind und vertrauen. Es ist ja nicht so, dass das Sprechen über die eigenen Ansichten weniger schutzlos mache als das manchmal vielleicht überschätzte Offenbaren von Gefühlen. Wir können, auch wenn wir nur wenig über Privates sprechen, dennoch viel von uns preisgeben.

Zusammen ein Ziel

Die Grundlage dieser Freundschaft kann also nur Verlässlichkeit sein. »Hier bin ich ich« – zumindest gesichert in den Teilen, die in die Freundschaft eingebracht werden – auf diese Formel ließe sich bringen, was wir uns in einer Freundschaft leisten können. Freundschaft ist dann immer wahre Freundschaft, und es kann gar nicht anders

SEHEN

sein, als dass sie lebendig und wendig ist und stetig umgeformt auch unser Älterwerden begleitet. Ihr Wesen ist eine stille Form von Leidenschaft. Anteil nehmen und teilhaben am Leben des anderen zeichnet sie aus, und in ihr gehen wir mit dem Befinden des anderen auf unsere Weise mit. Es werden nur wenige Menschen sein, mit denen wir so befreundet sein können. Denn die Gestaltung dieser Freundschaften nimmt Zeit in Anspruch. Umso wichtiger, wenn wir den Eindruck haben, es sei eine gut und vor allem vertraut und vertrauensvoll verbrachte Zeit, und zwar für beide Seiten. Diese Freundschaft hat uns etwas zu sagen, und in dieser Freundschaft haben wir uns etwas zu sagen. Fast immer erhält sie sich durch Übergeordnetes, durch ein gemeinsames Thema oder ein gemeinsames Tun. Das Band, das sie hält, ließe sich auch, geliehen von Bertolt Brecht, als »die dritte Sache« bezeichnen. Wo diese gefunden wurde, festigt und vertieft sich Freundschaft, sie hält dann auch einiges aus und macht viel mit.

UNSERE ÄUSSEREN SCHICKSALE INTERESSIEREN DIE MENSCHEN, DIE INNEREN NUR DEN FREUND.
HEINRICH VON KLEIST (1777 – 1811)

8

VERGEBEN

»DER MENSCH IST NIE
SO SCHÖN, ALS WENN ER
UM VERZEIHUNG BITTET
ODER SELBST VERZEIHT.«

JEAN PAUL

ES IST EIN ZEICHEN VON
GEWISSENHAFTIGKEIT,
ANDEREN ZU VERZEIHEN,
VON DEMUT,
UM VERZEIHUNG
ZU BITTEN,
UND BEIDES
ERHEBT AUS DEM
GEBEUGTSEIN.

Im Laufe eines Lebens sammelt sich eine ganze Reihe von Unrechtserfahrungen und Kränkungen an, als ein Bodensatz. Das beginnt mit der frühesten Kindheit als eine bleibende, ungute Erfahrung, und vielleicht endet es niemals völlig, wie souverän wir auch werden. Wir tragen manches mit uns herum und tragen daran schwer, und wir tragen manches schwer nach. Es lebt sich jedoch offener, wenn wir verziehen haben, und es stirbt sich mit einiger Sicherheit befreiter. Dass wir gegenwartsgerichteter und unverkrampfter leben können ohne alten Groll, ist uns völlig klar. Den Schritt zu machen zum Vergeben, das wissen wir selbst, ist eine Erleichterung – um nicht das große Wort Erlösung zu bemühen –, aber wir empfinden ihn doch als Überwindung. Es geht, das wissen wir auch, nicht allein um die, denen wir vergeben, es geht, sogar zuerst, um die Beschädigungen des eigenen Lebens, die wir deutlich spüren, wenn wir nicht verzeihen.

Die Last des Nachtragens

Dass Verzeihen aber nicht nur seelischen Druck von uns nimmt, sondern auch körperliche Beschwerden, darauf haben Wissenschaftler hingewiesen auf dem Kongress der »Kampagne für Vergebensforschung«, zu deren Vorsitzenden Bischof Desmond Tutu und Jimmy Carter gehören. Wenn es eine Forschungsrichtung wie diese gibt, heißt das, dass wir die Fähigkeit zum Vergeben nicht ohne Weiteres besitzen, es heißt aber auch, wir können sie erwerben.

EINFACH ABWERFEN

Vergeben oder Verzeihen führt nicht zwingend zum Verständnis für alles, es ist auch von allgemeiner Rechtfertigung entfernt, und schon gar nicht führt es auf Gleichgültigkeit zu. »Vergeben und Vergessen heißt, kostbare Erfahrungen zum Fenster hinauswerfen« – dieser Ansicht war Arthur Schopenhauer. Aber Vergeben schließt ja nicht das Vergessen mit ein, die Erfahrungen bleiben, und sie weisen uns einen Weg, wie wir zu größerer Klarheit gelangen. Klarheit darüber, was wir als Unrecht empfunden haben und warum, wie uns das geschehen konnte und was wir vielleicht selbst ausgelöst oder dazu beigetragen haben.

Das eigene Handeln scheint auf im

Das ist Arbeit, in erster Linie an uns selbst, eine kleine Forschungsarbeit. Und dann heißt es, für sich eine Form zu finden: Wie sieht es aus, unser Verzeihen? Gehen wir auf den zu, der uns Unrecht getan hat? Bieten wir ihm die Hand? Feiern wir Versöhnung? Oder verzeihen wir im Stillen? Schreiben vielleicht einen Brief, den wir abschicken oder auch nicht? Zu verzeihen verlangt uns ab zu akzeptieren, dass wir alle in Schuldzusammenhängen stehen. Wir stoßen dabei unweigerlich vor zu der

BEHANDELTWERDEN

Frage nach eigener Schuld. Zuerst uns selbst gegenüber. Haben wir uns alles verziehen? Die eigenen Schwächen und Enttäuschungen, Scham über unser Verhalten und tatsächliches Schuldigwerden? Und weiter: Haben wir umgekehrt jemals all die, denen wir Unrecht getan, die wir verletzt haben, um Verzeihung gebeten? Um Verzeihung oder Entschuldigung können wir nur bitten. Denn sich selbst zu entschuldigen gilt nicht, auch wenn der reflexive Gebrauch dieses Wortes es nahelegt. Schuld abzutragen, wie es heißt, ist eine andere Sache.

Das können wir ganz konkret, indem wir dem Anderen so lange und auf eine Weise so zugewandt bleiben, wie es aus seiner und auch aus unserer Sicht dauert, bis ein Unrecht wiedergutgemacht ist. Es ist eine Möglichkeit, die uns auch bleibt, wenn jemand, dem gegenüber wir schuldig geworden sind, nicht mehr lebt. Wir können es dann nur noch in einem symbolischen Akt, indem wir für einen anderen Menschen oder für die Allgemeinheit etwas tun. Dafür geben wir im Stillen, vor uns, ein Gelübde ab und leisten Abbitte. Das ist eine Möglichkeit, aber mit mancher Schuld werden wir leben müssen – und uns dennoch verzeihen.

DER MENSCH IST NIE SO SCHÖN, ALS WENN ER UM VERZEIHUNG BITTET ODER SELBST VERZEIHT.

JEAN PAUL (1763 – 1825),
»DIE UNSICHTBARE LOGE«

9
LIEBE UND ANDERE GEFÜHLE

»DAS HERZ HAT GRÜNDE,
DIE DIE VERNUNFT
NICHT KENNT.«

BLAISE PASCAL

DIE EINHEIT VON
KÖRPER UND GEIST
ZEIGT SICH
AN KEINER ANDEREN
STELLE SO DEUTLICH
WIE AN DEN
EMOTIONEN.

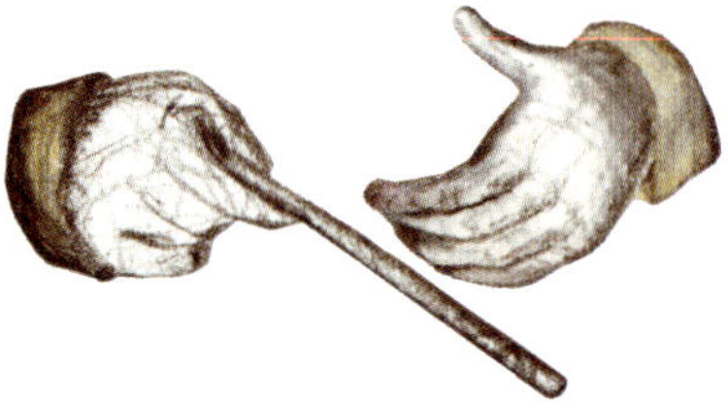

Gefühle stören nur, vor allem bei den gerne als weltbewegend ausgegebenen Entscheidungen. Ohne Emotionen kann geradlinig rational gehandelt und so kühn wie kühl kalkuliert werden. Mr. Spock hat das immer gezeigt. Inzwischen wissen wir, auch wenn wir uns dagegen verwahren, gefühlsgesteuert zu sein: Ohne Emotionen läuft so gut wie gar nichts, was immer wir auch tun, wie wir handeln und entscheiden, sie begleiten uns. Sie dürften durch die Ergebnisse, die die Hirnforschung liefert, nicht länger desavouiert sein. Pascal kam mit seinem »le cœur a ses raisons que la raison ne connait pas« schon sehr nahe an die heutigen Erkenntnisse heran. Nicht immer werden die Gefühle uns bewusst, und nicht selten werden sie heruntergespielt oder geleugnet. Außer beim Fußball … Gefühle vor uns selbst und dann auch nach außen hin zu offenbaren erweist sich oft als schwierig, da sie sich nicht immer gut in Worte fassen lassen.

Bewegende Kräfte

Aber zunächst einfach nur auf sie aufmerksam zu werden und sie genau wahrzunehmen, bringt schon weiter und führt uns dahin, über uns nachzudenken, uns mit unseren Gefühlen richtig einzuschätzen und unsere Schritte zu bedenken. Von der Bedeutung des Wortes her sind Emotionen nicht negativ besetzt: Sie haben zu tun mit Bewegung. Und sie setzen nicht nur uns in Bewegung, sondern auch die Menschen, mit denen wir zu tun haben. Da ist Emotionale Intelligenz gefragt, und die umfasst die ganze

UND BEWEGENDE MOMENTE

Bandbreite von Fähigkeiten, mit denen wir auf andere zugehen. Erst das Mitempfinden – zu dem jeder befähigt ist, es sei denn, er wäre ein pathologischer Fall – lässt erkennen, wie es bei einem Gegenüber um die Emotionen bestellt ist. Im Beruf haben wir es immer eingesetzt, auch ohne das zu bemerken. Und unsere eigenen Emotionen hatten und haben immer eine Rückwirkung auf andere. Wenn es uns jetzt darauf ankommt, dem mehr Bedeutung einzuräumen, was uns wirklich wichtig ist, müssen wir wissen, wie unsere Gefühle sind.

Ergründen, was zum Leben

Keinen unangemessenen Aufwand mehr betreiben, um Strategien zu entwickeln, wie den eigenen Gefühlen zu entgehen ist – zumindest nicht, bevor wir uns überhaupt gefragt haben, was mit uns los ist, wie uns geschieht. Die eigenen Befindlichkeiten zu erkennen und ihre Bedeutung einzuschätzen, ist eine Ausweitung und Bereicherung: Das alles ist in uns! In unserer Gefühlslandschaft

GEHÖRT

ist Liebe in ihren unterschiedlichen Ebenen ein ganz großer Bereich, und einer, der die anderen unmittelbar angeht. Näher ist kaum an die anderen heranzukommen. Keine Zeit vergehen lassen, den anderen zu zeigen, welche Bedeutung sie für uns haben, sollte eines der

Ziele sein, die wegen unserer Endlichkeit ganz oben stehen. Liebe als zu zeigendes Gefühl in Worten und in Gesten, bezieht sich nicht nur auf enge Partner oder Freunde. Auch für die Kinder und Enkel ist es wichtig zu erfahren, dass sie geliebt werden. Und dass ohne Liebe alles »Stückwerk« ist, davon singt der Apostel Paulus im 1. Brief an die Korinther im Kapitel 13 sein Hohelied der Liebe. Liebe und alle anderen Gefühle verweisen auf unser Innenleben, auf unser innerstes und tiefes Erleben. Gefühle zu haben, heißt ja nicht, gefühlsduselig zu werden. Männer weinen nicht? »Im Kino gewesen. Geweint.« Franz Kafkas bekannter Tagebucheintrag klingt keinesfalls nach Schwäche. Das muss man sich erst mal trauen. Zu den eigenen Gefühlen zu stehen, ist, um es klar zu sagen, nichts für Feiglinge.

DAS HERZ HAT GRÜNDE, DIE
DIE VERNUNFT NICHT KENNT.
BLAISE PASCAL (1623 – 1662), »PENSÉES«

10 HUMOR

»DIE FANTASIE TRÖSTET DIE MENSCHEN ÜBER DAS HINWEG, WAS SIE NICHT SEIN KÖNNEN, UND DER HUMOR ÜBER DAS WAS SIE TATSÄCHLICH SIND.«

ALBERT CAMUS

HEITERE GELASSENHEIT
IST DIE RETTUNG,
WANN IMMER
DAS LEBEN DIE
RICHTUNG ÄNDERT.

Allerhöchster Humor, hat Hermann Hesse gemeint, fange damit an, »dass man die eigene Person nicht mehr ernst nimmt«. Um das allerdings zu können, ist schon einiges an Lebenserfahrung nötig; um humorvoll zu sein, bedarf es etwa der Fähigkeit zu relativieren und ein Stück von sich abzurücken. Dazu gehört, sich nicht in den Mittelpunkt zu stellen und alles auf sich zu beziehen, im Guten wie im Schlechten. Erst auf diese Weise lässt sich die genau nötige Distanz gewinnen, die auch sonst ein gutes Maß dafür ist, die Dinge der Welt, einschließlich sich selbst, zu betrachten. Wer zu nah herangeht oder alles zu nah an sich herankommen lässt, verliert den Überblick, wer sich zu weit entfernt, erkennt die Einzelheiten nicht mehr. Voraussetzung dafür, den gewissen Abstand zu sich selbst zu halten, ist zu wissen, wo wir stehen. Oder was wir tatsächlich sind, wie es Camus sagt. So weit sollten wir wohl auch gekommen sein.

Aufrecht stehen – stehen zu dem,

Was wir nicht sein können, wissen wir ebenfalls, und so liegen auch die Zeiten hinter uns, in denen Fantasie uns hinweghalf über Unzulänglichkeiten und Beschämungen. Unter der Kluft zwischen den Fantasievorstellungen und der Wirklichkeit haben wir demzufolge auch nicht mehr zu leiden, genau wie alle damit verbundenen Peinlichkeiten versunken sind. Wenn uns jetzt das Alter hier und da zu schaffen macht, tauchen andere Peinlichkeiten auf. Über die hilft nun nicht mehr die Fantasie hinweg,

WAS KOMMT

aber der Humor, der zu einer Grundeinstellung wird. Er begleitet uns dann bei allem, was wir erleben. Wird der Humor zu einer Geisteshaltung, verlieren überflüssige Alltagssorgen, kleinliche Auseinandersetzungen, Schwächen und Absurditäten die Bedeutung, die wir ihnen unangemessen zuweisen. Humor schwemmt Ärger weg und entwaffnet bei Konfrontationen. Er macht uns toleranter, freier und gelassener. Heiterer sowieso.

Sich einfach dem

Das ist die beste Art, das beginnende Alter nicht nur hinzunehmen, sondern – im Wortsinne – zu meistern. Dass das Alter auch seine komischen Seiten haben kann, ist ja nicht zu leugnen. Es lässt sich sogar als eine Herausforderung ansehen, bei uns und in dem, was uns begegnen und zustoßen mag,

SPIEL ÜBERLASSEN

diese komischen Seiten zu entdecken. Da ist Selbstironie als eine Variante des Humors bisweilen nicht unangebracht. Sie stimmt milder und hindert zum einen daran, beleidigt zu sein, zum anderen, so zu tun, als ginge uns alles nichts mehr an. Im Gegenteil, indem wir humorvoll darauf eingehen, zeigen wir unsere

Fähigkeit zu reagieren, situationsbezogen, geistreich und großzügig. Humor, wurde in der Zwillingsforschung festgestellt, ist nicht vererbbar. Zumindest einige Komponenten des Humors lassen sich erlernen. Also begeben wir uns fortan in die Nähe humorvoller Menschen, und wenn wir selbst Humor haben, umso besser. Dann wird unsere Nähe gesucht. Humor ist also auch ein probates Mittel gegen Einsamkeit. Oder müssen wir angesichts unseres Alters bereits Galgenhumor aufbringen? Wer den hat, macht sich auf das Schlimmste gefasst. So weit muss man es gar nicht erst kommen lassen, vielmehr: Davor sind noch andere, vergnüglichere Formen des Humors gesetzt.

DIE FANTASIE TRÖSTET DIE MENSCHEN
ÜBER DAS HINWEG, WAS SIE NICHT
SEIN KÖNNEN, UND DER HUMOR ÜBER DAS,
WAS SIE TATSÄCHLICH SIND.

ALBERT CAMUS (1913 – 1960)

11
HOFFNUNG

»DER HIMMEL HAT DEN
MENSCHEN ALS GEGENGEWICHT
ZU DEN VIELEN MÜHSELIGKEITEN
DES LEBENS DREI DINGE
GEGEBEN: DIE HOFFNUNG,
DEN SCHLAF UND DAS LACHEN.«
IMMANUEL KANT

DIE TÄGLICHE KRAFT
ZUM LEBEN KOMMT
NICHT DURCH
KURZFRISTIGE
AUSSICHTEN,
SONDERN DURCH
DIE GERICHTETHEIT
INS WEITE.

»Was dürfen wir hoffen?« ist eine der vier großen Fragen – nach »Was können wir wissen?« und vor »Was sollen wir tun?« und »Was ist der Mensch?« –, auf die schon Kant sein Leben lang Antworten suchte. Sie stellen sich jedem, der denken und Rechenschaft über sein Leben ablegen will. Hoffnung reicht von alltagstauglichen bis hin zu lebensergreifenden Dingen. Im einfachsten Gebrauch des Wortes knüpft sie sich an vieles, vom guten Wetter bis zu den erfolgreichen Verhandlungen. Zumindest heißt es dann, man hoffe darauf. Dabei handelt es sich, streng genommen, um empirische Wünsche. Hoffnung als Prinzip, zu dem sie von Ernst Bloch erklärt wurde, zielt auf etwas anderes. Diese Hoffnung betrifft das ganze Leben oder auch die Art zu leben. Sie ist eine innere Haltung, bleibt ein Leben lang und durchzieht es auch bei Rückschlägen und Zweifeln. Sie ist etwas anderes als Optimismus, und darum kann auch, wer pessimistisch ist, diese Hoffnung in sich haben.

Unendlichkeit

Im letzten Grund nimmt sie eine Ausrichtung, die der Eschatologie nahekommt, wenn sie nicht sogar ganz mit ihr übereinstimmt, der Lehre von der Hoffnung auf Vollendung. Dabei muss sie uns nicht klar sein, wir müssen sie nicht konkretisieren können. Aber anzunehmen ist, dass kaum jemand ohne sie lebt, solange er lebt oder leben will. Insofern hat Hoffnung auch mit einem Willen zum Leben zu tun. Vor allem aber damit, dem Leben ein Mehr zu geben. Hoffnung führt uns immer

ALS FIXPUNKT

über uns selbst hinaus zur Transzendenz. Die Suche nach einem Sinn, den wir dem Leben geben oder der irgendwo außerhalb von uns liegt, ist daran nicht gebunden. Die Hoffnung bleibt – auch ohne eine Sinnorientierung, und so verstanden bleibt sie immer im Ungefähren. Wir müssen nicht benennen oder darstellen können, worauf wir hoffen. Diese Hoffnung ist dennoch stets da als feines, fernes Leuchten.

Die Zukunft

Auch wenn sie sich nicht begründen lässt, ist sie berechtigt, wäre sie es nicht, würde es sich um Illusionen handeln. Sie bleibt auch dann noch bestehen, wenn sie enttäuscht wird, und sie muss, so Ernst Bloch, »schlechterdings enttäuschbar sein«. Das

BLEIBT UNBESCHREIBBAR

gehört zu ihr, sonst wäre sie Gewissheit. Wenn wir also Hoffnung haben, dann auch wider das bessere Wissen. Die Hoffnung nicht aufgeben, das drückt profaner aus, was mit dem Streben nach Hoffnung gemeint ist. Oder lässt sich auch sagen mit der Suche nach Hoffnung?

Sich von Hoffnung und Hoffen ein Leben lang begleiten zu lassen, sollte ein erklärtes Ziel sein. Im Gedicht »Hoffnung« hat Friedrich von Schiller vom Menschen gemeint: »Noch am Grabe pflanzt er – die Hoffnung auf«. Diese wohlgesetzten Worte haben die Österreicher mit ihrem Schmäh abgewandelt und in ihr Gegenteil verkehrt. Denn bei ihnen bedeutet »jemanden pflanzen« ihn an der Nase herumführen. Und so heißt es dann: »Die Hoffnung pflanzt den Menschen noch am Grabe.« Ja, es kann sein, dass sich der Mensch seiner Hoffnung betrogen sieht, bis zuletzt, aber bis dahin geblieben ist sie dennoch, und länger muss es ja auch nicht sein.

DER HIMMEL HAT DEN MENSCHEN ALS GEGENGEWICHT ZU DEN VIELEN MÜHSELIGKEITEN DES LEBENS DREI DINGE GEGEBEN: DIE HOFFNUNG, DEN SCHLAF UND DAS LACHEN.
IMMANUEL KANT (1724 – 1804)

12
LETZTE DINGE

»WIR SOLLTEN EINSEHEN,
DASS ES GERADE
DIE FAKTISCHE
GEWISSHEIT DES TODES
IST, DIE VIEL ZUM
WERT UNSERES LEBENS
BEITRÄGT.«

KARL R. POPPER

DIE AUSSICHT
AUF DAS SICHERE,
ABER NICHT ABSEHBARE
ENDE IST ES,
DIE DAS BEWUSSTSEIN
SCHÄRFT FÜR
DAS GEGENWÄRTIGE.

Was denn nun? Geht uns der Tod nichts an, wie es der griechische Philosoph Epikur sagte? Oder gilt das biblische »Lehre uns bedenken, dass wir sterben müssen«? Wie unsere Haltung dazu auch sein mag, der Tod ist dem Leben eingeschrieben, von Anfang an. In der Bibel heißt es weiter, »auf dass wir klug werden«. Klugheit angesichts des Todes, und zwar lebenslänglich? Die Mahnung, beizeiten Vorsorge zu treffen, klingt heute schon abgegriffen nach einer Werbeformel für Lebensversicherungen oder Bestattungsinstitute. Und dass wir ein Testament hinterlegen und unsere Papiere übersichtlich ordnen sind Selbstverständlichkeiten. Vorsorge lässt sich aber noch anders verstehen, sie bezieht dann auch die Perspektive mit ein, die wir dazu einnehmen, und sie dringt folgerichtig vor bis zu den beiden Punkten: Was hinterlassen wir, und was lassen wir hinter uns. Das ist ja nichts, was neu wäre.

Was ist –

Jeder Tag ist durchzogen von kleinen Abschieden, ohne dass wir uns von ihnen das verschatten lassen, was wir weiterhin planen und verwirklichen. Heute wird noch das Apfelbäumchen gepflanzt, auch wenn morgen die Welt unterginge, wie es Martin Luther gesagt hat. Insofern ist jeder Tag auch wieder ein Neubeginn. Beides, Abschied und Neubeginn, fließt in die Gedanken und Handlungen mit ein. Mit Blick auf unseren Tod und unser Sterben können wir versuchen, aufmerksam zu werden, gleichzeitig für den »morgigen Tag oder das nächste Leben«, wie es ein tibetisches

UND WAS SEIN WIRD

Sprichwort sagt, je nachdem, was auf uns zukommen wird oder was wir kommen sehen. Und diese Aufmerksamkeit bedeutet auch, sich vorzustellen, dass wir nicht mehr hier sind. Was ist uns dann und bis dahin wichtig, was dringlich, was wollen wir noch erledigen, was abhaken? Und mit wem sollten wir noch sprechen? Aus Erfahrung wissen wir: Das gelebte Leben ist nicht ohne Brüche zu haben, und nicht weniger als das gelebte, macht das ungelebte Leben zu schaffen – all die Versäumnisse! In der Rückschau kommt dabei schon der Wunsch danach auf, es möge ein gutes Leben gewesen sein, und gut meint hier immer im ethischen, nie im materiellen Sinn.

Die Türen sind

Gut vor uns selbst dastehen, ohne geschönten Lebenslauf, bei einer ehrlichen Befragung, tief unten »dort, wo die Seele keine Faxen macht«, wie es Thomas Mann ausgedrückt hat. Es ist lohnendes Tagwerk, die eigene Biografie noch einmal kritisch in den Blick zu nehmen und zu bearbeiten, auch wenn es schwierig ist und im Nachhinein hier und da

IMMER GEÖFFNET

Widersprüchliches aufscheint und doch nicht der große Wurf dabei herauskommt. Was an Möglichkeiten gegeben ist, auszuschöpfen und auszufüllen und sich selbst und die anderen im Blick zu behalten, ist keine einfache Kunst. Und wenn wir sie einigermaßen beherrschen, trägt sie zum gelungenen und gelingenden

Lebensrest bei und hilft uns, auch das Sterben anzunehmen. Die wichtigste Voraussetzung dabei ist Achtsamkeit in jeder Hinsicht. Was gewonnen wird, ist eine Luzidität, die auf die Endlichkeit des Lebens scheint, die eine nicht auszuschließende Unendlichkeit mit erfasst und die doch im Gegenwärtigen verankert ist. Das eigene Sterben zu bedenken bedeutet, vorbereitet zu sein. Noch einmal Thomas Mann: »Der Mensch soll um der Güte und Liebe willen dem Tode keine Herrschaft einräumen über seine Gedanken.« Dem Tod Herrschaft einräumen bedeutet resignativ sich selbst weggeben. Aber das ist etwas anderes als das *memento mori* als Hintergrund zu wissen, den Tod als noch nicht anwesenden Begleiter zu verstehen, sich zu besinnen und danach zu handeln.

WIR SOLLTEN EINSEHEN, DASS ES GERADE DIE FAKTISCHE GEWISSHEIT DES TODES IST, DIE VIEL ZUM WERT UNSERES LEBENS BEITRÄGT.
KARL R. POPPER (1902 – 1994)

13

WUNSCH-LOSIGKEIT

»SIEH, DAS IST LEBENSKUNST:
VOM SCHWEREN WAHN
DES LEBENS SICH BEFREIN,
FEIN HINZULÄCHELN
ÜBERS GROSSE MUSS.«

CHRISTIAN MORGENSTERN

SICH GEISTES-
GEGENWÄRTIG DEM
ZUWENDEN,
WAS VORHANDEN IST,
HÄLT IN DER
WIRKLICHKEIT,
OHNE ERSTARRUNG.

Es ist scheinbar ein Paradoxon, aber zu dem, was noch für wichtig erachtet wird und noch unbedingt getan werden sollte, gehört auch: Nichts zu tun und auch nichts tun zu wollen. Das meint nicht dolce far niente, das süße Nichtstun, und es meint nicht Meditation, sondern wirklich, die Hände in den Schoß zu legen und zu einer beruhigten Zufriedenheit zu finden. Also kein Vor- und Zurückblicken, kein Heraufbeschwören von Vergangenem und kein Weiterhetzen nach vorn, nach oben, sondern nur noch zu sich kommen, im Wortsinne. Eine Einbindung in das, was ist, weist sowohl der Erinnerung den rechten Standort zu als auch der Zukunftsplanung. Das Leben erfährt Wandlungen, und von den vielen Wegen, die wir vielleicht hätten gehen können, haben wir die meisten links und rechts und hinter uns liegen gelassen, um uns für den einen zu entscheiden, den wir schließlich gegangen sind. Dafür gab es Gründe, erkennbar oder auch nicht, aber wir sollten wissen:

Lebensplanung

Fast keiner mehr davon ist für uns noch begehbar. Etwas, was sich beispielsweise »nie wieder gutmachen« lässt, so ist es jedenfalls in Walter Benjamins »Einbahnstraße« zu lesen, ist: »Versäumt zu haben, seinen Eltern fortzulaufen.« In einem reflexiven Rückblick aufs eigene Leben tritt davon noch vieles mehr zutage, und wir sollten es dann auch einfach mit leichtem Amüsement vergessen und nicht noch im Nachhinein bedauern, dass es nicht ging. Es war genug Triviales dabei, das uns letztendlich auch

ZIEHT LEBENSZEIT

AB

erspart geblieben ist. Wer das kann, einfach nur in seinem Garten zu sitzen, ohne gleich an das Rasenmähen oder Unkrautzupfen zu denken oder daran, was noch fehlt, vielleicht ein kleiner Teich, kommt einer Bezogenheit auf den Augenblick schon nahe. Wünsche – warum nicht? Weil wir längst erfahren haben, dass ihre Erfüllung nicht irgendwann in jenen Zustand führt, der »wunschlos glücklich« heißt, legen wir es nicht mehr darauf an, sie wahr werden zu lassen.

WÜNSCHE LENKEN AB,

Sie werden weiterhin kommen, wir registrieren sie, können sie gelassen beiseiteschieben und uns dem widmen, was die abgegriffene, aber treffende Formel vom »Hier und Jetzt« besagt. Wir lassen den Blick frei sein, gerichtet auf das Innen und Außen, worin wir beheimatet sind, und wir lassen uns ein auf das, was ist und was wir sind und haben.
Auf der Grundlage von Selbsterkenntnis gelangen wir zu einem Einsehen, das nichts

ZIELE BRINGEN WEITER

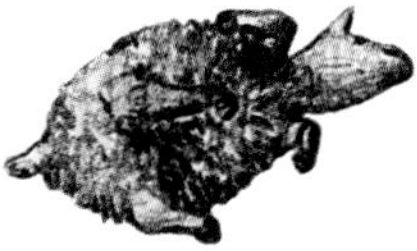

mit besserwisserischem Durchblick zu tun hat. Wie das aussieht? Franz Marc schuf 1912 ein Gemälde mit dem Titel »Hund vor der Welt«, und Marc hat gesagt: »Zu gern möchte ich wissen, was in einem Hund innerlich vorgeht, wenn er da sitzt und die Landschaft betrachtet.« Tiere zeigen uns, wie das ist, ganz bei sich zu sein oder in sich zu ruhen, in einer auf uns so schön wirkenden Offenheit. Und Tiere, so sagt man, wissen nichts davon, dass sie sterben müssen. Wir wissen es, und umso mehr können wir dem Leben, gerade weil es auf den Tod hin ausgerichtet ist, eine wundersame und sanfte Intensität verleihen. Das bringt weg von Zwängen und Zerstreuungen, das führt hin zu einem innigen Dasein. Und um nichts anderes geht es, um das Dasein. Sich ohne Ablenkung ganz diesem Da-Sein zu überlassen, ist eine schwierige Sache. Es ist aber genau das, was wir irgendwann nicht mehr können und nicht mehr tun werden, also nutzen wir die Lebenszeit.

SIEH, DAS IST LEBENSKUNST: VOM
SCHWEREN WAHN DES LEBENS SICH BEFREIN,
FEIN HINZULÄCHELN ÜBERS GROSSE MUSS.
CHRISTIAN MORGENSTERN (1871 – 1914),
»DIE STILLEN DINGE«